L'ART
D'APPRENDRE A LIRE EN CHANTANT,

ou

NOUVELLE MÉTHODE DE LECTURE,

AU MOYEN DE LAQUELLE

L'ÉLÈVE LIT COURAMMENT DÈS LE PREMIER JOUR,

ET

Où toutes les difficultés de notre langue sont présentées graduellement

EN VINGT-QUATRE PETITES LEÇONS,

SUIVIES DU

Premier livre de Télémaque,

AVEC UNE EXPLICATION A L'USAGE DE CEUX QUI VEULENT APPLIQUER LA MÉTHODE **JACOTOT.**

Par M. Gavoy,

Professeur de Belles-Lettres, auteur de plusieurs ouvrages sur l'éducation, et le premier qui a prouvé le grand avantage
qu'on retire de l'application du chant à l'enseignement élémentaire.

PARIS,

ROY-TERRY, LIBRAIRE-ÉDITEUR, PALAIS-ROYAL, GALERIE DE VALOIS, N° 185.

1838.

Cette Méthode est en pleine activité, rue Neuve de Berri, n° 13, (Champs-Élysées,) où chacun peut venir prendre connaissance de ses grands avantages.

PRÉFACE.

Celui qui fera usage de cet Alphabet se convaincra :

1° Que l'élève lit couramment dès la première leçon ;

2° Que les difficultés sont présentées graduellement ;

3° Qu'un jour suffit pour chaque leçon ;

4° Que cet Alphabet présente l'orthographe de tous les sons de notre langue ;

5° Que tout l'ouvrage est un petit Traité de morale ;

6° Enfin, que toutes les leçons peuvent servir de dictée d'orthographe pour les commençans.

Pourquoi, m'a-t-on dit, n'avez-vous pas composé vos leçons de phrases simples à la portée des enfans ?

Parce que cela n'est pas nécessaire : je vais plus loin, je dis que ce serait un défaut. Or, quel est le but d'un Alphabet, c'est sans doute d'enseigner à l'élève de quelles lettres chaque son est composé ? Et qu'arrive-t-il toujours quand vous faites lire à un enfant une phrase simple, c'est qu'il la retient par cœur avant d'avoir eu le temps de distinguer les lettres dont sont composés les mots qu'il vient d'apprendre.

Le but serait donc manqué ? Et pourquoi, au reste, ne pas profiter de la facilité qu'ont les enfans d'apprendre, pour leur meubler la tête de plusieurs mots dont ils seront obligés de faire un grand usage dans la suite ?

AUX MAITRES.

1° Faites chanter : *a e i o u, a e i o u, a e i o u*, jusqu'à ce que vos élèves aient ces sons dans la tête.

2° Montrez-leur ensuite le caractère qui représente chaque son en particulier, jusqu'à ce qu'ils le reconnaissent.

3° Passez aux trois lettres qui sont sur le côté, et chantez avec eux : *be ce le, be ce le*, et faites comme ci-dessus, jusqu'à ce qu'ils sachent les distinguer les unes des autres.

4° Dites-leur que quand le marteau *b* tombe sur le tambour *a*, il en sort le son *ba*, sur *i*, *bi*, sur *o*, *bo*, etc.; faites de même pour les autres. En les amusant, vous les instruirez : c'est le bon moyen de réussir.

A la rigueur, il n'est pas nécessaire qu'ils connaissent le nom des marteaux ou consonnes ; il suffit qu'ils sachent le son qu'ils produisent en frappant.

Vous voyez qu'avec les lettres qui sont sur le côté et celles qui sont en tête, on a toujours à sa disposition l'ancien syllabé; on le trouve encore dans les premières lignes de chaque leçon, avec l'avantage inappréciable de forcer l'élève à chercher la syllabe, et à ne jamais lire par routine.

Première Leçon.

(Tambours.) **a e i o u**

b   ba le   bi be   bi le   bo bo   bu.
c   ca ca o   ce ci   co co   cu be.
l   la   ca le   la   li ce   lo be   lu ce.

EXERCICE.

île de cu ba, le ci li ce, le ca li ce, la bi le, lo ca le, bu ba le, la ca ba le, la bi a le, la ba bi o le, cu cu ba le.

1

Deuxième Leçon.

a é i o u

d   da da de di a co do do du o.

f   fa fé cu le fi fo lie fu ca.

g   ga ge gi got gu gui de gai.

j   ja co je jo li ju ge ju bi lé.

EXERCICE.

b   bo ca ge jo li, la ju ju be, la li ce a la

c   ga le, lu ce a la lo ge du do ge, il a du

l   ca fé, il a du bo bo à la fa ce, cé ci le a

f   la lo ge du ca le, le jo li da da du di a co.

Troisième Leçon.

---

a è i y o u é e

m   ma me nu mi di mo de mu le.

n   na ge ne ni ce no me nu.

p   pa pa pi pe po pe pu ce.

qu   qua que qui quo te qu'u.

r   ra ba^t ri re ro be ru ra le.

EXERCICE.

b papa dînera ici. caroline a une jolie robe de gaze. cécile ira à l'école à midi. une puce me pique à la figure. le bénéfice du curé. ma mère ira à la cérémonie du jubilé. le pape y sera. le curé rira de célina, qui fera une malice à monique. la nièce de luce fera le ménage de madame léoni. lucas a la malice de dire que le curé me ménage.

c

d

f

g

Quatrième Leçon.

a e é è ê i o u

ç s   sa le se mé si re so le su ce.

t   ta pi tê te ti ge to ge tu be.

v   va ve lu vi ce vo te vu°.

x   fi xa fi xe fi xi té pa xo xu.

z   za ni zé ro zi za nie zo é zu.

h*   ha hé hi le hô te hu re oh.

EXERCICE.

m   le joli site de la si ci le a é té
n   ra va gé. papa a vu à ro me la
p   ti a re du pa pe pi° six. fé li ci° te
r   do nne ra u ne jo li° to pa ze. la ri-
f   va le d'a dé la ï de se ra pu ni° de
sa ma li ce. la do ci li té de ma ri a fe ra
la fé li ci té de sa mè re. le sa ge é vi te
la co lè re. ma da me lu ce fê te la na ti-
vi té de ma ri°.

* h Cette lettre est une paresseuse qui ne fait rien.

Cinquième Leçon.

z z z z
s ra ze ra se ro se ru se.

a e i y o u

ch	cha pe ché ri chi ne cho se fi chu.
gn	ga gna ga gne mé gni° gno gnu.
t th	a tha li° thé thi tho ma' thu y a.
f ph	pha re co ri phé° pho que phy si que phu.
qu k	ka li mo ka ma ki ni ko po li ku bo.

EXERCICE.

s ç
t
v
x
z

la phi lo so phi° me se ra u ti le. ma chè re ami°, ta che mi se sa le me cho que. tu me di ra' si thé o phi le é tu di° sa phi lo so phi°, sa rhé to ri que, sa phy si que. thé o do re é tu di e ra la chi mi°. je li° la somme de thé o lo gi° de s' tho ma', qui me do nne la co li que. si tu ne chu cho te' pa', si tu ne chi ca ne° pa', la so ci é té te ché ri ra. a tha na se n'i gno re pa' la my tho lo gi° ni la phy si o lo gi°. é tu di° la phi lo so phi° de py tha go re.

Sixième Leçon.

a e i o u é è ê y

bl   bla sé   blé   cha bli'   blo que   blu te ri'.

cl   cla que   ba clé   cli gne   clo che   clu se.

fl   ra fla   ra flé   a ffli gé   flo re   flû te.

gl   gla ce   glè be   gli sse   glo be   glu.

pl   pla ce   plé i a de   pli   di plô me   plu me.

EXERCICE.

ch
th
qu
c
k

le mi sé ra ble   gla ne   le blé.   pla ci de gli sse sur la gla ce.   thé o do re bâ cle u ne thè se de thé o lo gi' co mme qui bâ cle u ne pa ge de thè me.   l'ho mme bla sé n'a plu' de fé li ci té i ci ba'.   pa pa me do nne ra du ca fé mo ka.   à cu ba il n'y a pa' de ca ca o.   mo ni que, que tu a' qua li fi é° de bê te, ne te do nne ra pa' de cho co la'.   le phi lo so phe a thé° ni° la di vi ni té : sa mo ra le dé plo ra ble me cho que, me gla ce.

Septième Leçon.

---

a e i o u é é è ê y

é et

br	bra ve sa bre bri que bro che bru ne.
cr	cra che crè ve cri cro que cru.
dr	dra pe la dre ma dri^d drô le dru.
fr	phra se fi fre a fri que fro ma ge fru ga le.

EXERCICE.

bl la cra pu le a bru ti^t l'â me la plu' no ble.

cl le néo phy te tro^p cré du le ne se ra pa' plu'

fl sa ge que le phi lo so phe a thé'. l'ho mme

gl fri vo le se pa re de bre lo que'. la cré a tu re

pl qui a u ne ta ble fru ga le n'u se pa' de dro-

gue'. ma mè re m'a do nné u ne bri o che, u ne crò qui gno le, u ne dra gé', *et* du fro ma ge à la crê me. la mi sè re du ri che a va re cho que et ré pu gne. le bra mi ne sa ge mè ne u ne vi' fru ga le.

Huitième Leçon.

---

a é i o u e è ê y

é et

gr   grâ ce grê lé gri ve gro' gru ge.

pr   pra me pré pri° prô ne pru de pru ne.

tr   tra ce â tre tri o trô ne tru ffe.

vr   li vra li vre vri lle i vro gne vru.

ÉXERCICE.

br   je te dé cla re que le flu i de ma gné ti que pé nè tre la pla que la plu' du re. ce drô le de thé o phi le gru ge no tre cu ré. ce dru i de a u ne va che, u ne chè vre, u ne bre bi' *et* u ne cha tte. il m'a li vré qua tre li vre' de fro- ma ge de bri' *et* u ne li vre de gru y è re. ce prê tre m'a gra ti fi é d'u ne très-jo li' gra vu re. so cra te a é té le plu' sa ge phi lo so phe de la grè ce. la mo ra le de jé su' fe ra ma fé li ci té. ma chè re cé li na, ta té mé ri té se ra pu ni'.

cr

dr

fr

gr

Neuvième Leçon.

PREMIÈRE RÈGLE.

e eu eux œu œux eut ent eues.

oi   *jeu*   *peux*   *œu*vre   *vœux*   il *peut* ils *peuvent*   *queues.*   *eur*

le *feu* roi fut sa ge et *heu reux*.
ce boi *teur* pleu re u ne *meu* le de blé que le *feu* a con su mé*.
je *veux* que no tre ne *veu* é tu di* *mieux* la gé o-gra phi* et la mo ra le.

voi là deux fa *meux* *preux* que le *peu* ple pla-ce ra par mi *ceux* qui ho no *rent* la che va le rie.
l'ho mme ma ti *neux* ne *peut* pas ê tre mal *heu-reux*.

DEUXIÈME RÈGLE.

ès ces des les mes ses tes.

ces pro *cès*.   *des* lé *preux*.   *tes* che *veux*.

les hé breux fu rent très-gé né *reux*. ma sœur *
a vu le bœuf-gra*. mes vœux fu rent ceux de *ces*
bra ve* re li gieux. *mes* ne veux i gno rent *ces*

œu vres d'i ni qui té. l'ho mme peu *reux* se ra
mal heureux.

* r se prononce toujours au milieu et à la fin des mots.

Dixième Leçon.

DEUXIÈME RÈGLE.

o au aux eau eaux aut os ots aud.

aube *taux* *veau* *copeaux* *saut* *dos* *mots* *chaud.*

les homme‘ s'ha bi tuent *aux* tra*vaux* les plu‘ pé ni ble‘.

je vis à la mé na ge rie du roi des a gn*eaux*, des va ches, des che*vaux*, .des chè vres, des cha m*eaux*, et d'*au*tres a ni m*aux* très-b*eaux*.

la vue de ce b*eau* châ t*eau*, de ces co t*eaux* et de ces ca n*aux*, ra vi ra les ê tres les plus s*ots*.

ce ca d*eau* v*aut* deux ré*aux*.

i sa b*eau* a vu *aux* bro tt*eaux* de très-b*eaux* che vr*eaux* et des a gn*eaux* a tta chés à des ro s*eaux*.

la mè re de la plu par‘ des *pau* vres fut et se ra l'oi si ve té.

dieu a di‘ : je veux que l'ho mme ir ré li gieux soi‘ mal heu reux, et que le f*aux* dé vot soit la proi‘ de mi lle m*aux*.

Onzième Leçon.

QUATRIÈME RÈGLE.

ou oue oup ous oux out ouent.

joujou   boue   loup   vous   doux   tout   ils jouent.

ce *cou cou* ne vaut pas deux *sous*.

il faut ê tre *fou* pour croi re aux *loups-ga roux*.

pa pa, le sa pa *jou* a ca ssé le li *cou*, et il court a près *tou tou*.

no tre ma *tou* et le hi *bou jouent tou jours* ou *cou* rent a près les *sou* ris.

si *vous* ê tes *doux* et sa ge, ma sœur *vous* do-nne ra des *jou joux* pour sa fê te.

je ne *loue* pas ces *fous* qui *jouent* avec des *loups*

et des *ours*; je les *trou* ve beau *coup* trop *cou* ra-geux.

je dé sa *voue* ce *bou* rru de ne *veu* qui *roue* sa fem me de *coups*.

dès l'au be du jour ces co teaux se *cou* vrent de *trou* peaux de bœufs, de jeu nes tau reaux, de *bre bis* et d'a gneaux, qui sau tent au *tour* de leur mè re.

ne te dé *cou* ra ge pas, il y a re mè de à *tout*.

Douzième Leçon.

CINQUIÈME RÈGLE.

è	ei	ai	est	ets	ais	oit	aient	ex.
pei ne	aime	est	mets	mais	il ai mait	ils aimaient.		

pa pa *ai*mai*t* beau coup la *paix* et la re trai te ;
le *lait* é tait le m*ets* qu'il pré fé r*ait*; et ses vr*ais*
dé li ces é t*aient* le mi na r*et* qui *est* au bout du
bos qu*et* *; il n'a ll*ait* ja m*ais* au pa l*ais*, et di s*ait*
que les pro cès ga gnés é t*aient* de vr*ais* mal heurs.

ma mè re nous sou hai*tait* trois cho ses : l'a-
mour de dieu et de la vé ri té, la hai ne des pro-
cès et des pro j*ets* té mé rai res, et sur tout le goût
des mœurs et des m*ets* rus ti ques.

ce faux dé vot fai s*ait* le mal et pri*ait* dieu de
le se cou rir : sup po s*ait*-il que dieu l'é cou te r*ait*
et rem pli r*ait* ses sou hai*ts*? i gno r*ait*-il que l'ê-
tre qui ai de à fai re le mal *est* au ssi cou pa ble
que ce lui qui le f*ait*? le mal heu reux qui a v*ait*
é cou té jé su' se re ti r*ait* à moi tié sou la gé de
ses maux, et bé nis s*ait* même dieu de sa mi-
sè re.

* *s* dans l'intérieur du mot se prononce, mais jamais à la fin.

Treizième Leçon.

SIXIÈME RÈGLE.

air er prononcez èr.

*ver*ge   mer*le*   é*ther*   hi*ver*   fer   ser ré   *ver*be.

no tre ma gis*ter* nous di sait hier que le fier ju pi ter gou *ver*nait l'u ni *vers*, et le cu ré a sou te nu au jour d'hui que dieu a vait fait la ter re et la mer, et qu'il gou *ver*nait tout : que ju pi*ter*, et mê me lu ci *fer*, lui é taient au ssi sou mis que

le *ver* qui vit sous l'her be : il y a là u ne er reur qui bou le *ver* se mes i dées.

pour l'ho mme su per be et vo lup tueux, le *ter* me de la vie doit ê tre a mer.

SEPTIÈME RÈGLE.

el elle ette ec prononcez èl èlle ètte èc.

abel   belle   cette   avec   qu'*el*   qu'*elle*   dette

cet er mi ta ge é tait o ccu pé par u ne ver tueu se per so nne, qui nou rris sait et hé ber geait tous les mal heu reux qui s'a dres saient à *elle* ; je l'ai vue au fort de l'hi ver par cou rir *cette* ter re dé ser te pour cher cher à dé cou vrir les ho mmes qui *s*'é taient per dus.

le mé ri te per son nel ne se ti re pas des bos quets, des gué rets, des fo rêts et des ob jets su per bes ; mais des faits et des ver tus pra ti quées.

Quatorzième Leçon.

RÉCAPITULATION.

1. l'homme vertueux et sage évite de faire ce qui peut déplaire à la divinité.

2. notre maître punira l'élève qui aura fait du bruit, ou qui n'aura pas fait le thème que le professeur nous a donné.

3. Ne te désespère pas, il y a remède à tout : si l'homme te refuse des honneurs sur cette pauvre terre, le seigneur te réserve une couronne pour une éternité : il est une autre patrie où toute peine recevra le salaire qu'elle mérite.

4. sois doux et honnête pour tous les hommes;

fais ce que tu dois, et dis la vérité à quelque prix que ce soit.

5. télémaque ne cherchait pas l'ami qui le louait, mais celui qui l'avertissait de ses fautes.

6. fais aux autres ce que tu voudrais que les autres fissent pour toi, s'ils étaient à ta place, et rappelle-toi le proverbe qui dit : à qui veut mal, mal arrive.

7. celle qui n'aime que soi ne mérite pas d'être aimée des autres. quelle que soit votre fortune, vous n'êtes qu'une créature pétrie de boue, comme le ver qui se traîne sous l'herbe.

Quinzième Leçon.

HUITIÈME RÈGLE.

é ai er et ez eff ece.

je se*rai*   cé*der*   *et*   *eff*or*cez*   *ec*clé*siasti*que.

é cou*tez* le sa ge philo so phe, *et* tâ chez de pro-
fi*ter* de ses a vis; ne fai tes pas com me l'ê tre lé-
ger qui dit : je se*rai* sa ge *et* ver tueux, je li*rai*,
j'é cri*rai*, j'é tu die*rai*, je ne parle*rai* pas, *et* qui
ou blie à la mi nu te tou tes ses pro mes ses. pour
vous qui vou*lez* de ve nir ha bi les, exa mi*nez*
ceux qui réu ssi ssent, et *eff*or*cez* vous de les
i mi*ter*.

ne par*lez* pas, li*sez*, é tu*diez*, é cri*vez*, mé-
di*tez*, ré flé chi*ssez*; ne vous dé cou ra*gez* plus;
si vous n'a*vez* pas réu ssi le pre mier jour, es pé-
rez que vous se*rez* plus heu reux, re pre *nez* vo tre
ou vrage, et fai tes de nou veaux *eff*orts.

o bé is*sez* au pre mier mot. é vi*tez* de vous dé-
chi*rer*, de vous sa lir, de tra ca*sser* les au tres,
et de mur mu*rer* si vo tre maî tre vous pu nit.

a do*rez* dieu, ché ri*ssez* vo tre pè re et vo tre
mè re, ai *mez* vo tre pa trie et vo tre roi, respec-
tez vos su pé rieurs, o bé i*ssez* aux lois ci vi les et
*ec*clé sias ti ques, par ta*gez* vo tre nou rri tu re avec
les pau vres, ne ju *gez* pas les au tres, *et* le seigneur vous bé ni ra.

Seizième Leçon.

NEUVIÈME RÈGLE.

an   am   en   em*   ans   ens   ant   ent   emps.

an ge   *am* ple   *en* cre   *em* plir   *sans*   *gens*   cé *dant*   mo *ment*   *temps.*

un *en* fant qui ai me le chan ge ment ne do nne pas de gran des es pé ran ces : car pen dant qu'il co mm*en* ce c*ent* cho ses, il n'a pas le t*emps* d'*en* fi nir u ne : ce pen d*ant* il se fau sse le ju ge m*ent* et se croit sa v*ant*, qu*and* il n'est qu'un i gno r*ant* ou qu'un pé d*ant*.

l'*en* f*ant* pru d*ent* est ce lui qui ne fait que ce que ses t*en* dres pa r*ens* v*eu* l*ent* ; qui leur est *en* tiè re ment sou mis : eux seuls p*eu* v*ent* dé cou vrir nos p*en* ch*ans*, et juger si nous so mmes nés pour ê tre ar ti s*ans*, mar ch*ands* ou a g*ens* de chan ge.

en nai ss*ant*, l'*en* fant por te un p*en* ch*ant* pour telle par tie ; c'est aux pa r*ens* à le dé cou vrir et à le dé ve lo pper. si mal h*eu* r*eu* se m*ent* vous chan gez les vues du tout-puis s*ant*, l'*en* f*ant* ne perd pas s*eu* le m*ent* le t*emps*, mais il perd les ta l*ens* na tu rels qu'il a v*ait* re çus de la na tu re, et ra re m*ent* il é cha ppe aux vi ces.

no tre de voir est d'ê tre vi gi l*ans* et pru d*ens*, et d'*en* tou rer nos *en* f*ans* de sa ges se et de ver tu.

---

* Excepté : Item, Bethléem, Jérusalem, requiem ; et amen, Éden, examen, hymen, etc., et autres tirés de l'hébreu et du latin.

Dix-septième Leçon.

DIXIÈME RÈGLE.

in	im	int	ingts	en	ain	aim	ein	eing*.
fin	im per	il vint	vingt	bien	bain	faim	plein	seing.

on

l'an trois-cent-vingt-cinq cons tan tin-le-grand trans fé ra le sié ge de l'em pi re ro main à by san ce , a ppe lée de puis cons tan ti no ple.

tous les his to riens sont con vain cus que ce prin ce fit u ne gran de fau te en a ban do nnant ro me ; mais il en fit u ne plus gran de en par ta geant l'em pi re en tre ses en fans.

cons tan tin l'aî né et son frè re ca det mou ru rent a ssa ssi nés , et cons tan ce , le plus jeu ne , ré gna gou ver né par des fem mes.

ju lien , son suc ces seur , qu'on a sur no mmé l'a pos tat , fut tué en com ba ttant con tre les per ses , deux ans a près son a vè ne ment à l'em pi re.

jo vien ne fit que pa raî tre ; on le trou va mort dans son lit , é tou ffé par la va peur du char bon qu'on a vait a llu mé dans sa cham bre.

en fin va len ti nien , em pe reur d'oc ci dent , et son frè re va lens , em pe reur d'orient , ré sis tè rent a vec bien de la pei ne aux bar ba res ; ce der nier mê me suc com ba à leurs a tta ques. en mou rant il lai ssa le trô ne à théo do se-le-grand , qui se sou mit à u ne pé ni ten ce pu bli que que lui im posa saint am broi se.

om

* a et e devant in, im, ne se prononcent pas.

3

Dix-huitième Leçon.

ONZIÈME RÈGLE.

on   ont   onc   ond   ons   om   omb   ompt.

bon bon   front   tronc   second   flacons   ombre   plomb   prompt

pendant que le petit-fils de théodose-le-grand régnait à constantinople, pharamond, prince germain, quitta sa patrie, passa le rhin à la tête d'une armée de francs et de saliens, enleva trèves aux romains, et jeta les premiers fondemens de l'empire des francs (420).

ensuite clodion s'avança jusqu'à amiens, et mérovée jusqu'à la seine. notre territoire prit alors le nom de france ; et dans le même temps les habitans de padoue allèrent fonder venise (458).

childéric passa sept ou huit ans en exil, après lesquels ses sujets consentirent à le rappeler.

en quatre-cent-quatre-vingt-seize clovis battit les allemands à tolbiac, près de cologne, se fit baptiser à rheims, rendit les bretons et les bourguignons ses tributaires, s'empara des états du roi de toulouse, et mourut à paris, capitale de la france.

depuis clovis jusqu'à pépin-le-bref, on ne voit que cruautés et fainéantises ; les enfans du roi d'orléans furent massacrés par leurs plus proches parens, clotaire fit brûler dans une chaumière son fils chramne. frédégonde et bruné haut furent des reines dénaturées.

c'est vers ce temps que la monnaie des empereurs fut remplacée par celle des rois francs.

nts du

on raconte que des seigneurs ayant plaisanté
sur sa petitesse, il imagina un moyen presque incroyable de leur inspirer du respect. il
donna le divertissement du combat d'un lion
avec un taureau : et voyant le taureau terrassé
par le lion : qui de vous, dit-il, osera les sépa-
rer? aucun n'ayant osé, il s'élança le sabre à
la main, et d'un coup abatit la tête du lion.

TREIZIÈME RÈGLE.

l'**h** et le (··) sur **ë ï ü** *séparent les sons qui devaient s'unir.*

ha hurir, tra hir, pro hibé, ha hi! esaü, saül, haïr, ciguë, maïs.

les cantiques hébraïques ont quelque chose
de plus grand et de plus élevé que les poëmes
héroïques des grecs. — mon aïeul a dit cent fois

à a délaïde que pour bien ouïr la messe il fallait arriver à l'introït.

Vingtième Leçon.

QUATORZIÈME RÈGLE.

ail aille	eil eille	euil ueil eueille	il ille	ouil ouille.
bail pa ille ille.	ré veil bou tei lle	deuil or gueil feu ille	ba bil ai gui lle	fe nouil. rou ille.

un gen til en fant qui ba bi lle plaît un ins tant ; mais ce lui qui tra va ille, qui prê te l'o rei lle aux con seils du vie illard plaît tou jours.

au lieu de bâil ler, de so mmei ller dans vo tre lit, le vez-vous a vec le so leil, ha bi llez-vous vi te, pre nez un li vre et tra va illez. n'en par cou rez pas les feu illets a vec la lé gè re té du pa pil lon ou de l'é cu reuil, qui sau till e de bran che en bran che; mais à l'e xem ple de l'a-bei lle fou i llez au fond, re cuei llez tout ce qu'il con tient de mei lleur, et fai tes-en vo tre pro fit.

je vous con sei lle de ne pas rai ller les au tres, le ra illeur est pres que tou jours pu ni de sa ra ille rie.

ne vous ser vez pas des mots ca na ille, va le-ta ille, mar ma ille, go ga ille, ni des ver bes gri bou iller, far fou iller et cria iller.

a ccue illez avec bon té le vie illard, quel que soit son ha bi lle ment. que la vie ille fem me cou ver te de ha illons et de gue ni lles vous trouve plus a ffa ble que la jeu ne fi lle la plus gen ti lle, cou ver te de bri llans.

ne vous cha ma illez pas, ne vous ti ra illez pas, ne vous rai llez pas de ceux qui ont des bé qui lles.

fuyez l'en fant bra illard et ce lui qui pia ille, le sou illon et ce lui qui vous con sei lle le mal.

ne vous en tre te nez point en clas se de ba-ta illes, de mi tra ille, de che ni lles, de ca illes, de gre nou illes, de co qui lles, du so leil et de la lu ne; lai ssez tou tes ces mer vei lles pour un au tre temps; d'a illeurs les dé tails que vous

pour riez do nner sur le mer vei lleux tra vail des a bei lles et au tres ob jets pa reils ne pou rraient que four mi ller d'er reurs.

***

Vingt-unième Leçon.

***

QUINZIÈME RÈGLE.

inn	**inn**	**inn**	**imm**	**imm.**
in né	*in no vé*	*in no cen ce*	*im ma cu lé*	*im mo ral.*

por tez vos re gards sur l'*im* men si té des cieux, pé né trez au-de là de cette quan ti té *in no*m bra ble de so leils que vo tre œil dé cou vre; fi gu rez-vous par la pen sée un mi lion de fois plus d'é ten due : eh bien! dieu, qui est *im* ma té riel, est en co re plus grand! il est *im* men se! sa jus ti ce est *im* mua ble, ce qu'il veut est *im* man qua ble.

tâ chons donc de lui plai re : car *im* mé dia te- ment a près la mort no tre â me *im* mor tel le pa raî tra de vant son tri bu nal. là, l'ho mme *im* mor ti fié qui a tout *im* mo lé à ses pa ssions se ra pu ni, et l'*in no* cent et ce lui qui au ra fait le bien se ront ré com pen sés.

tio prononcez cio *.

im mo dé ra *ti* on   am bi *ti* on   cré a *ti* on   é mo *ti* on   i ni *ti* a *ti* on   mar *ti* al   ar gu *ti*   in fec *ti* on   ré ten *ti* on.

ne soyez pas am bi *tieux*, car l'am bi *tion* perd l'ho mme. tâchez d'ê tre pa *tiens* et im par *tiaux* ; ai mez vo tre con di *tion*, chéri ssez vo tre na *tion* et les ca pé *tiens* qui nous gou ver nent.

loin de vous les fac *tions*, les con gré ga *tions* et toutes les a sso cia *tions* que les lois dé sa pprou- vent.

ne bal bu *tiez* pas en li sant ; prê tez tou te vo tre a tten *tion* aux ob ser va *tions* de vo tre maî tre. il est es sen *tiel* que vous co nnai ssiez la va leur de cha que ar ti cu la *tion*. quand vous se rez i ni *tié* dans la lec tu re cou ran te, vous ver rez que ces ob ser va *tions* par *tiel* les ne sont pas des mi nu *ties* ; mais qu'el les con dui sent à la per fec *tion*.

* Excepté : gestion, mixtion, nous sortions, nous acceptions, nous montions.

Vingt-deuxième Leçon.

u eu ues uent, *et tous les* eu *du verbe avoir.*

j'*eus* le plai sir de vous di re que les fon tai nes qui dis tri *buent* de l'eau dans les *rues* con tri *buent* à l'a ssai ni sse ment de la vi lle, et ré créent la *vue* des ha bi tans.

— 23 —

DIX-HUITIÈME RÈGLE.

k ch

achores *cha* os *cho* rus ba *cch*us ar *chié* pis co pal or *ches* tre, *ch*ronique.

la thé baï de é tait rem plie de chré tiens et d'a na *cho* rètes qui ne se do nnaient pas même | le plai sir de chan ter en *chœur* les louan ges du christ.

DIX-NEUVIÈME RÈGLE.

om um, *et tous les* um *tirés du latin.*

hom rhum al *bum* va de-me *cum* pen *sum* te de*um* ultimat*um*.

pour gar der le dé co *rum*, ce fac to t*um* do nne | du gal ba n*um* à tout le monde.

VINGTIÈME RÈGLE.

sifflez l'S *au commencement des mots suivans :*

*s*tade *s*tation *s*ta tue *s*phè re *s*cri be *s*co lie *s*pa cieux *s*tro phe *s*phinx *s*talle.

un enfant né *s*tu pi de de vien dra sa vant et même *s*pi ri tuel s'il est *s*tu dieux, s'il a la ferme té d'un *s*toicien, s'il s'o ccu pe *s*pé cia le ment d'une | seu le *s*cien ce , s'il rem plit en fin *s*tric te ment son de voir.

le *s*cru pu leux est su jet aux *s*cru pu les.

caen laon saône paon taon faon paonneau.

articulez : can   lan   sône   pan   ton   fan   pano

sur les bords de la saône, et du côté de laon, | est une grosse mouche. le paonneau est un
j'ai vu des paons et des faons superbes. Le taon | jeune paon.

Vingt-troisième Leçon.

---

lexique exhorte extrait exemple auxerre doux ami.

prononcez : lekcique èkzorte   èkstrait   ègzemple   aussère   douz ami.

un homme flexible est celui qui, dans les cas | puisse vexer ceux avec qui il est obligé d'exister.
extraordinaires, a la dextérité de prendre un | voilà un exemple qui m'exposera à la critique,
parti mixte, qui n'exhibe rien de son cœur qui | car il est d'une extrème obscurité.

VINGT-TROISIÈME RÈGLE.

ieu ier iel ien ui ié *d'une syllabe.*

dieu   acier   miel   mien   lui   a mi tié.

j'ai vu dans ce *lieu* un *vieux* o ffi *cier* cou ché | *rien* à man ger, et a tten dant tout son a ppu*i* du
sur une pier re, les pieds moi *tié* ge lés, n'ayant | *ciel* et de la pi *tié* des pa ssans.

VINGT-QUATRIÈME RÈGLE.

i eu i er i el i en u i i é *de deux syllabes.*

o *di eux*   bou cl*i er*   ma tér*i el*   ju l*i en*   ré jou *i*   ma r*i é.*

l'ou vr*ier* p*ieux* qui a des ma niè res dou ces | ra re ment hu mi l*ié* (*et tous les verbes en* ier :
se fe ra pa l*ier* beau coup de fau tes, et se ra | a ll*ier, é* p*ier,* fier*,* etc.).

VINGT-CINQUIÈME RÈGLE.

Il y a quelques **qua (ka)** *qui se prononcent* **kou a.**

qua dri ge   *qua* dru pè de   *qua* ter ne   é *qua* teur   *qua* dri la tè re.

le *qua* dran gle est u ne fi gu re de géo mé trie | gé si me est le pre mier di man che de ca rê me.
qui a qua tre angles. le *qua* dri ge est un char | le *qua*rtz est u ne pierre très–dure. l'é *qua* teur
a tte lé de qua tre che vaux de front. la *qua* dra- | est un grand cer cle de la sphè re.

4

VINGT-SIXIÈME RÈGLE.

ab   abs   ac   ad   al   ap   ar   as   at.
ab cès   abs trait   ac te   ad di ti on   al ger   ap pa rei ller   ar bre   as pic   at mos phère.

ig   ill   ir   is   his.
ig né   il lé gal   ir ri té   is ra ël   his toi re.

ob   obs   oc   ol   op   or   os   hos.
ob sè de   obs cu re   oc to bre   mo gol   op ti que   or   os ten soir   hos pi ce.

ul   ur   us   ut.
ul cè re   ur ne   us ten si le   ut   (note de musique).

J'ai mis cet Alphabet en pratique dans ma Classe, et je puis dire que j'ai obtenu des résultats surprenans ; cependant je n'ai pas l'orgueil de penser que j'aie atteint la perfection à laquelle j'aspirais : je vois qu'il reste bien des obstacles à surmonter et des obscurités à faire disparaître. Je supplie donc les personnes qui auraient de bons conseils à me donner de ne pas m'en priver ; je les recevrai avec reconnaissance.

Les lettres ont différentes formes : voici les plus usitées :

MAJUSCULES ET MINUSCULES.

A B C D E F G H I J K L M N O P Q R
a b c d e f g h i j k l m n o p q r

S T U V X Y Z W
s t u v x y z w

———

A B C D E F G H I J K L M N O P Q R
a b c d e f g h i j k l m n o p q r

S T U V X Y Z W
s t u v x y z

Vingt-quatrième Leçon.

SIGNES ORTHOGRAPHIQUES.

(') L'*Apostrophe* se met à la place d'une voyelle supprimée, comme dans *l'arbre*, *l'herbe*, *l'âme*, pour le *arbre*, la *herbe*, la *âme*.

(ç) La *Cédille* se met sous le *c*, pour le faire prononcer comme *s* devant *a o u*, comme dans *reçu*, *leçon*, *façade*.

(-) Le *Trait-d'union* se met entre deux ou trois mots qui n'en font qu'un, comme dans *tout-a-coup*, *vient-il? Seine-et-Oise.*

(··) Le *Tréma* se met sur *e*, *i*, *u*, pour les faire prononcer séparément d'une voyelle qui pré-cède : *naïf, saül, ciguë* : sans le tréma on pro-noncerait *nef, sól* et *cigue*, comme figue.

( ) La *Parenthèse* sert à renfermer des mots qu'on pourrait retrancher ; mais qui servent à l'é-claircissement de la phrase.

> Je croyais, moi (jugez de ma simplicité),
> Que l'on devrait rougir de la duplicité.

ACCENTS.

Il y a trois sortes d'accents : l'accent *aigu* ('), l'accent *grave* (`) et l'accent *circonflexe* (^).

L'accent *aigu* se met sur les *e* fermés : comme *sévérité, aménité.*

L'accent *grave* se met sur les *è* ouverts : comme *père, mère, après.* Il s'emploie aussi comme signe de distinction sur *là* et *où* adverbes, et sur *à* et *dès* prépositions.

L'accent *circonflexe* s'emploie quand il y a suppression d'une lettre : comme dans *âge, tête, apôtre,* qu'on écrivait autrefois : *aage, teste, apostre.*

PONCTUATION.

Lorsqu'en lisant vous rencontrez une *virgule* (,), reposez-vous un peu.

Si vous rencontrez un *point-virgule* (;), reposez-vous un peu plus.

Aux *deux points* (:), respirez encore davantage.

Et au *point* (.), arrêtez-vous, et reprenez haleine.

Le *point d'interrogation* (?) et le *point d'admiration* (!) ne marquent pas toujours autant de repos que le point.

Le premier s'emploie quand on interroge : *Qui est-là? Savez-vous lire?*

Le second quand on admire :

Que le Seigneur est bon! que son joug est aimable!

CARACTÈRES ARABES EMPLOYÉS DANS LE CALCUL.   CARACTÈRES ROMAINS.

Zéro	Un	Deux	Trois	Quatre	Cinq	Six	Sept	Huit	Neuf
0	1	2	3	4	5	6	7	8	9
10	11	12	13	14	15	16	17	18	19
20	21	22	23	24	25	26	27	28	29
30	31	32	33	34	35	36	37	38	39
40	41	42	43	44	45	46	47	48	49
50	51	52	53	54	55	56	57	58	59
60	61	62	63	64	65	66	67	68	69
70	71	72	73	74	75	76	77	78	79
80	81	82	83	84	85	86	87	88	89
90	91	92	93	94	95	96	97	98	99
100	101	102	103	104	105	106	107	108	109
110	111	112	113	114	115	116	117	118	119
120	121	122	123	124	125	126	127	128	129

I   V   X   L   C   D   M
1   5   10   50   100   500   1000

I.........	1	XIV......	14
II.........	2	XV........	15
III........	3	XVI......	16
IV........	4	XVII......	17
V.........	5	XVIII.....	18
VI.........	6	XIX.......	19
VII.........	7	XX........	20
VIII.......	8	XXX.....	30
IX.........	9	XL.......	40
X.........	10	L.........	50
XI........	11	LX.......	60
XII.......	12	LXXX....	80
XIII......	13	CXX......	120

NOMBRE FORMÉS DES MÊMES CHIFFRES,
ET QUI DIFFÈRENT DE VALEUR À CAUSE DE LEUR POSITION.

12	21	13	31	14	41	15	51	16	61	17	71	18	81	19	91
23	32	24	42	25	52	26	62	27	72	28	82	29	92		
34	43	35	53	36	63	37	73	38	83	39	93				
45	54	46	64	47	74	48	84	49	94						
56	65	57	75	58	85	59	95								
67	76	68	86	69	96										
78	87	79	97												
89	98														
102	201	103	301	104	401	105	501	106	601	107	701	108	801	109	901

```
            1
          2 3
        3 4 5
      4 8 7 6
    5 5 4 3 7
  6 7 8 4 3 8
7 7 1 3 7 4 3
8 9 2 1 9 6 4 9
```

NUMÉRATION.

Sextillions, Quintillions, Quatrillions, Trillions, Billions, Millions, Mille, Unités.

998 237 444 817 304 430 968 452

(unités, dizaines, centaines)

PRIÈRES.

___

PRIÈRE DU MATIN AVANT LA CLASSE.

Au nom du Père, et du Fils, et du Saint-Esprit. Ainsi soit-il.

Mettons-nous en la présence de Dieu, adorons-le, et remercions-le de tous ses bienfaits.

Notre bon Père, nous vous adorons comme le souverain Seigneur de toutes choses. Nous vous remercions du repos que vous nous avez accordé cette nuit, et nous vous prions de nous pénétrer, durant la journée, de sentimens religieux. Faites que nous mettions à profit les sacrifices que nos bons parens font pour notre éducation, que nous répondions aux soins de nos maîtres par notre conduite et par nos progrès; faites enfin, ô Dieu de bonté! qu'en ornant notre esprit nous conservions la pureté de l'âme, sans laquelle la science est vaine et nuisible.

Jetez sur les malheureux un regard de bienveillance. Bénissez nos bons parens, notre patrie, notre Roi, nos magistrats, nos maîtres, nos amis et nos ennemis.

Pour obtenir de Dieu toutes ces grâces, adressons-lui la prière que N.-S.-J.-C. nous a enseignée.

Notre Père qui êtes aux Cieux, que votre nom soit sanctifié, que votre règne arrive, que votre volonté soit faite sur la terre comme dans le ciel; donnez-nous aujourd'hui notre pain de chaque jour; pardonnez-nous nos offenses, comme nous pardonnons à ceux qui nous ont offensés, et ne

Au nom du Père, et du Fils, et du Saint-Esprit. Ainsi soit-il.

Remercions Dieu d'avoir béni notre travail pendant cette matinée, et de nous avoir inspiré de bons sentimens.

Mon Dieu, nous vous remercions de nous avoir aidés à êtres bons, obéissans et appliqués pendant cette classe. Bénissez la nourriture que nous allons prendre, et faites que pendant notre récréation nous ne donnions aucun sujet de plainte à nos camarades ni à nos maîtres. Ainsi soit-il.

Au nom du Père, et du Fils, et du Saint-Esprit. Ainsi soit-il.

Demandons à Dieu la grâce de bien finir la journée.

Mon Dieu, nous vous rendons des actions de

nous abandonnez pas dans la tentation; mais délivrez-nous du mal. Ainsi soit-il.

Au nom du Père, etc.

PRIÈRE DU MATIN APRÈS LA CLASSE.

Rappelons-nous la loi de Dieu renfermée dans ses dix commandemens, et ayons une ferme volonté de la pratiquer.

Un seul Dieu tu adoreras, etc.

Prions la bienheureuse Marie d'intercéder pour nous auprès de Dieu.

Je vous salue, Marie, etc.

Au nom du Père, et du Fils, et du Saint-Esprit. Ainsi soit-il.

PRIÈRE DU SOIR AVANT LA CLASSE.

grâce pour la bienveillance que vous nous avez témoignée pendant notre récréation. Daignez nous pardonner les fautes que nous avons commises, et faites, ô notre bon Père, que nous passions le reste de la journée conformément à votre sainte vo-

5

— 54 —

lonté, que nous prouvions par notre conduite et notre application combien nous sentons l'étendue des sacrifices que nos chers parens font pour notre éducation. Ainsi soit-il.

Ranimons notre foi en récitant le Symbole.

Je crois en Dieu, etc.

Au nom du Père, etc.

PRIÈRE DU SOIR APRÈS LA CLASSE.

Au nom du Père, et du Fils, et du Saint-Esprit. Ainsi soit-il.

Remercions Dieu des bienfaits qu'il nous a accordés pendant cette journée.

Notre bon Père, nous vous remercions de toutes les marques de faveur et de bonté dont vous nous avez comblés aujourd'hui : puissions-nous les avoir mises dignement à profit; puissions-nous nous rendre le témoignage de n'avoir point violé votre sainte loi, de n'avoir offensé aucun de nos condisciples, de n'avoir donné à nos maîtres aucun sujet de plainte, et d'avoir cherché, autant qu'il était en notre pouvoir, à satisfaire nos chers parens.

Seigneur, si nous avons quelque reproche à nous faire, aidez-nous à nous corriger, aidez-nous à marcher de plus en plus fidèlement dans vos voies. Demeurez avec nous durant cette nuit, et accordez-nous un doux repos, afin que nous soyons en état de reprendre demain nos travaux avec une nouvelle ardeur.

Répandez vos bienfaits sur tous les hommes, de tous les pays, qui sont nos frères et vos enfans. Récompensez nos parens pour les sacrifices qu'ils font pour nous, et bénissez ceux qui ont la bonté et la patience de nous instruire. Ainsi soit-il.

Témoignons à Dieu notre regret de l'avoir offensé.

Je confesse à Dieu, etc.

Rappelons-nous la loi de l'Église.

Les fêtes tu sanctifieras, etc.

Au nom du Père, et du Fils, etc.

EXTRAIT

DE LA LANGUE MATERNELLE DE M. JACOTOT.

PREMIÈRE LEÇON. — On met sous les yeux de l'élève le livre de Télémaque.

On dit : *Calypso — Calypso ne — Calypso ne pouvait — Calypso ne pouvait se — Calypso ne pouvait se consoler — Calypso ne pouvait se consoler du — Calypso ne pouvait se consoler du départ — Calypso ne pouvait se consoler du départ d'Ulysse.*

L'élève répète à haute voix chaque mot après le maître.

Retenez l'élève sur cette phrase jusqu'à ce qu'il distingue bien chaque mot, chaque syllabe et chaque lettre.

2ᵉ LEÇON. — On fait répéter la première phrase, et l'on ajoute la seconde en suivant le même procédé.

3ᵉ LEÇON. — On fait répéter, et l'on ajoute la troisième phrase.

4ᵉ LEÇON. — On fait répéter, et l'on va, s'il est possible, jusqu'aux mots : *avait disparu à ses yeux.*

On dit à l'élève, Montrez : *Ca — lyp — so — pou — pouv — ne — lyp — ait — vait — se — ler — du*, etc.

5ᵉ LEÇON. — On fait répéter par cœur l'orthographe des mots.

L'élève prépare la lecture de quelques mots, de quelques phrases, s'il est possible.

6ᵉ Leçon.—Quand l'élève sait par cœur jusqu'à *Calypso étonnée,* on ne s'occupe plus de la lecture.

Voilà ce que dit M. Jacotot.

Moi, et bien d'autres, avons suivi ponctuellement cette marche, et nous nous sommes convaincus que l'élève qui ne sait par cœur que jusqu'à *Calypso étonnée,* c'est-à-dire trois pages, ne sait pas encore assez lire pour être abandonné à lui-même, et qu'il est nécessaire de le conduire jusqu'à la huitième ou dixième page.

Je ne prétends pas dire par là que la méthode de M. Jacotot soit mauvaise; je la trouve au contraire bonne; mais je vois qu'il n'est pas facile de la mettre en pratique dans nos maisons d'éducation, vu le grand nombre d'élèves que chaque maître est obligé d'instruire en même temps. Il lui est de toute impossibilité de donner à chaque enfant les soins et le temps que la méthode exige. Et ici les moniteurs ne peuvent pas remplacer le maître; je dirai même que dans vingt professeurs, il ne s'en trouvera pas deux qui s'acquittent bien de cet emploi, et même qui veuillent s'en charger; ou, s'ils s'en chargent, soyez presque certains que dans huit jours ils seront fatigués de donner à leurs élèves des soins qui semblent plutôt le partage d'une mère, d'un père ou d'une nourrice, que celui de pauvres mercenaires qui ne travaillent que pour toucher leur modique salaire.

J'engagerai donc les parens qui veulent instruire eux-mêmes leurs enfans de prendre la méthode de M. Jacotot ou la mienne. L'une et l'autre leur réussiront.

Je dirai aux maîtres: Prenez ma méthode:

1° Parce qu'elle approche beaucoup de l'ancienne, et que vous pouvez vous faire remplacer par vos moniteurs.

2° Parce que ma méthode donnera à vos élèves une idée nette de l'orthographe, des sons, avantage que n'offre pas celle de M. Jacotot.

AVENTURES

DE TÉLÉMAQUE.

LIVRE PREMIER.

Télémaque, conduit par Minerve sous la figure de Mentor, aborde, après un naufrage, dans l'île de Calypso, qui regrettait encore le départ d'Ulysse. La Déesse le reçoit favorablement, conçoit de la passion pour lui, lui offre l'immortalité, et lui demande ses aventures. Il lui raconte son voyage à Pylos et à Lacédémone, son naufrage sur la côte de Sicile, le péril où il fut d'être immolé aux mânes d'Anchise, le secours que Mentor et lui donnèrent à Aceste dans une incursion de barbares, et le soin que ce roi eut de reconnaître ce service en leur donnant un vaisseau tyrien pour retourner en leur pays.

CALYPSO ne pouvait se consoler du départ d'Ulysse. Dans sa douleur, elle se trouvait malheureuse d'être immortelle. Sa grotte ne résonnait plus de son chant : les nymphes qui la servaient n'osaient lui parler. Elle se promenait souvent seule sur les gazons fleuris dont un printemps éternel bordait son île ; mais ces beaux lieux, loin de modérer sa douleur, ne faisaient que lui rappeler le triste souvenir d'Ulysse, qu'elle y avait vu tant de fois auprès d'elle. Souvent elle demeurait immobile sur le rivage de la mer, qu'elle arrosait de ses larmes ; et elle était sans cesse tournée vers le côté où le vaisseau d'Ulysse, fendant les ondes, avait disparu à ses yeux.

Tout-à-coup elle aperçut les débris d'un navire qui venait de faire naufrage, des bancs de rameurs mis en pièces, des rames écartées çà et là sur le sable, un gouvernail, un mât, des cordages flottant sur la côte ; puis elle découvrit de loin deux hommes, dont l'un paraissait âgé, l'autre, quoique jeune, ressemblait à Ulysse : il avait sa douceur et sa fierté, avec sa taille et sa démarche majestueuse. La Déesse comprit que c'était Télémaque, fils de ce héros ; mais, quoique les Dieux surpassent de loin en connaissance tous les hommes, elle ne put découvrir qui était cet homme vénérable dont Télémaque était accompagné. C'est que les Dieux supérieurs cachent aux inférieurs tout ce qu'il leur plaît ; et Minerve, qui accompagnait Télémaque sous la figure de Mentor, ne voulait pas être connue de Calypso.

Cependant Calypso se réjouissait d'un naufrage qui mettait dans son île le fils d'Ulysse, si semblable à son père. Elle s'avance vers lui, et sans faire semblant de savoir qui il est : « D'où vous vient, lui dit-elle, cette témérité d'aborder en mon île ? Sachez, jeune étranger, qu'on ne vient point impunément dans mon empire. » Elle tâchait de couvrir sous ces paroles menaçantes la joie de son cœur, qui éclatait malgré elle sur son visage.

Télémaque lui répondit : « O vous, qui que vous soyez, mortelle ou Déesse, (quoiqu'à vous voir on ne puisse vous prendre que pour une divinité), seriez-vous insensible au malheur d'un fils, qui, cherchant son père à la merci des vents et des flots, a vu briser son navire contre vos rochers ? » « Quel est donc votre père, que vous cherchez? » reprit la Déesse. « Il se nomme Ulysse, dit Télémaque : c'est un des rois qui ont, après un siége de dix ans, renversé la fameuse Troie. Son nom fut célèbre dans toute la Grèce et dans toute l'Asie par sa valeur dans les combats, et plus encore par sa sagesse dans les conseils. Maintenant, errant dans toute l'étendue des mers, il parcourt tous les écueils les plus terribles. Sa patrie semble fuir devant lui. Pénélope sa femme, et moi qui suis son fils, nous avons perdu l'espérance de le revoir. Je cours, avec les mêmes dangers que lui, pour apprendre où il est. Mais, que dis-je ! peut-être qu'il est maintenant enseveli dans les profonds abîmes de la mer. Ayez pitié de nos malheurs ; et si vous savez, ô Déesse, ce que les destinées ont fait pour sauver ou pour perdre Ulysse, daignez en instruire son fils Télémaque. »

Calypso, étonnée et attendrie de voir dans une si vive jeunesse tant de sagesse et d'éloquence, ne pouvait rassasier ses yeux en le regardant, et elle demeurait en silence. Enfin elle lui dit : « Télémaque, nous vous apprendrons ce qui est arrivé à votre père. Mais l'histoire en est longue, il est temps de vous délasser de tous vos travaux. Venez dans ma demeure, où je vous recevrai comme mon fils : venez ; vous serez ma consolation dans cette solitude ; et je ferai votre bonheur, pourvu que vous sachiez en jouir. »

Télémaque suivait la Déesse environnée d'une foule de jeunes nymphes, au-dessus desquelles elle s'élevait de toute la tête, comme un grand chêne, dans une forêt, élève ses branches épaisses au-dessus de tous les arbres qui l'environnent. Il

admirait l'éclat de sa beauté, la riche pourpre de sa robe longue et flottante, ses cheveux noués par derrière négligemment, mais avec grâce ; le feu qui sortait de ses yeux, et la douceur qui tempérait cette vivacité. Mentor, les yeux baissés, gardant un silence modeste, suivait Télémaque.

On arriva à la porte de la grotte de Calypso, où Télémaque fut surpris de voir, avec une apparence de simplicité rustique, tout ce qui peut charmer les yeux. On n'y voyait ni or, ni argent, ni marbre, ni colonnes, ni tableaux, ni statues : cette grotte était taillée dans le roc, en voûtes pleines de rocailles et de coquilles ; elle était tapissée d'une jeune vigne, qui étendait ses branches souples également de tous côtés. Les doux zéphyrs conservaient en ce lieu, malgré les ardeurs du soleil, une délicieuse fraîcheur : des fontaines, coulant avec un doux murmure sur des prés semés d'amarantes et de violettes, formaient, en divers lieux, des bains aussi purs et aussi clairs que le crystal : mille fleurs naissantes émaillaient les tapis verts dont la grotte était environnée. Là, on trouvait un bois de ces arbres touffus qui portent des pommes d'or, et dont la fleur, qui se renouvelle dans toutes les saisons, répand le plus doux de tous les parfums; ce bois semblait couronner ces belles prairies, et formait une nuit que les rayons du soleil ne pouvaient percer : là, on n'entendait jamais que le chant des oiseaux, ou le bruit d'un ruisseau qui, se précipitant du haut d'un rocher, tombait à gros bouillons pleins d'écume, et s'enfuyait au travers de la prairie.

La grotte de la Déesse était sur le penchant d'une colline : de là, on découvrait la mer, quelquefois claire et unie comme une glace, quelquefois follement irritée contre les rochers, où elle se brisait en gémissant et élevant ses vagues comme des montagnes; d'un autre côté, l'on voyait une rivière où se formaient des îles bordées de tilleuls fleuris et de hauts peupliers qui portaient leurs têtes superbes jusque dans les nues. Les divers canaux qui formaient ces îles semblaient se jouer dans la campagne : les uns roulaient leurs eaux claires avec rapidité; d'autres avaient une eau paisible et dormante; d'autres, par de longs détours, revenaient sur leurs pas comme pour remonter vers leur source, et semblaient ne pouvoir quitter ces bords enchantés. On apercevait de loin des collines et des montagnes qui se perdaient dans les nues, et dont la figure bizarre formait un horison à souhait pour le plaisir des yeux. Les montagnes voisines étaient couvertes de pampre vert qui pendait en festons; le raisin, plus éclatant que la pourpre, ne pouvait se cacher sous les feuilles, et la vigne était accablée sous son fruit. Le figuier, l'olivier, le grenadier, et tous les autres arbres couvraient la campagne et en faisaient un grand jardin.

Calypso, ayant montré à Télémaque toutes ces beautés naturelles, lui dit : « Reposez-vous; vos habits sont mouillés, il est temps que vous en changiez; ensuite nous nous reverrons, et je vous raconterai des histoires dont votre cœur sera touché. » En même temps elle le fit entrer avec Mentor dans le lieu le plus secret et le plus reculé d'une grotte voisine de celle où la Déesse demeurait. Les nymphes avaient eu soin d'allumer en ce lieu un grand feu de bois de cèdre, dont la bonne odeur se répandait de tous côtés; et elles y avaient laissé des habits pour les nouveaux hôtes.

Télémaque, voyant qu'on lui avait destiné une tunique d'une laine fine, dont la blancheur effaçait celle de la neige, et une robe de pourpre avec une broderie d'or, prit le plaisir qui est naturel à un jeune homme, en considérant cette magnificence.

Mentor lui dit d'un ton grave : « Sont-ce donc là, ô Télémaque, les pensées qui doivent occuper le cœur du fils d'Ulysse ? Songez plutôt à soutenir la réputation de votre père, et à vaincre la fortune qui vous persécute. Un jeune homme qui aime à se parer vainement comme un femme, est indigne de la sagesse et de la gloire. La gloire n'est due qu'à un cœur qui sait souffrir la peine et fouler aux pieds les plaisirs. »

Télémaque répondit en soupirant : « Que les Dieux me fassent périr plutôt que de souffrir que la mollesse et la volupté s'emparent de mon cœur ! Non, non, le fils d'Ulysse ne sera jamais vaincu par les charmes d'une vie lâche et efféminée. Mais quelle faveur du ciel nous a fait trouver, après notre naufrage, cette Déesse ou cette mortelle qui nous comble de biens ? »

« Craignez, répartit Mentor, qu'elle ne vous accable de maux; craignez ses trompeuses douceurs plus que les écueils qui ont brisé votre navire : le naufrage et la mort sont moins funestes que les plaisirs qui attaquent la vertu. Gardez-vous bien de croire ce qu'elle vous racontera. La jeunesse est présomptueuse ; elle se promet tout d'elle-même ; quoique fragile, elle croit pouvoir tout, et n'avoir jamais rien à craindre ; elle se confie légèrement et sans précaution. Gardez-vous d'écouter les paroles douces et flatteuses de Calypso, qui se glisseront comme un serpent sous les fleurs ; craignez ce poison caché : défiez-vous de vous-même, et attendez toujours mes conseils. »

Ensuite ils retournèrent auprès de Calypso qui les attendait. Les nymphes, avec leurs cheveux tressés et des habits blancs, servirent d'abord un repas simple, mais exquis pour le goût et pour la propreté. On n'y voyait aucune autre viande que celle des oiseaux qu'elles avaient pris dans des filets, ou des bêtes qu'elles avaient percées de leurs flèches à la chasse : un vin plus doux que le nectar coulait de grands vases d'argent dans des tasses d'or couronnées de fleurs. On apporta dans des corbeilles tous les fruits que le printemps promet et que l'automne répand sur la terre. En même temps quatre jeunes nymphes se

6

mirent à chanter. D'abord elles chantèrent le combat des Dieux contre les Géans; puis les amours de Jupiter et de Sémélé; la naissance de Bacchus et son éducation conduite par le vieux Silène, la course d'Atalante et d'Hippomène qui fut vainqueur par le moyen des pommes d'or cueillies au jardin des Hespérides : enfin la guerre de Troie fut aussi chantée; les combats d'Ulysse et sa sagesse furent élevés jusqu'aux cieux. La première des nymphes, qui s'appelait Leucothoé, joignit les accords de sa lyre aux douces voix de toutes les autres.

Quand Télémaque entendit le nom de son père, les larmes qui coulèrent le long de ses joues donnèrent un nouveau lustre à sa beauté. Mais comme Calypso aperçut qu'il ne pouvait manger, et qu'il était saisi de douleur, elle fit signe aux nymphes. A l'instant on chanta le combat des Centaures avec les Lapithes, et la descente d'Orphée aux enfers pour en retirer sa chère Eurydice.

Quand le repas fut fini, la Déesse prit Télémaque, et lui parla ainsi : « Vous voyez, fils du grand Ulysse, avec quelque faveur je vous reçois. Je suis immortelle : nul mortel ne peut entrer dans cette île sans être puni de sa témérité; et votre naufrage même ne vous garantirait pas de mon indignation, si d'ailleurs je ne vous aimais. Votre père a eu le même bonheur que vous : mais, hélas ! il n'a pas su en profiter. Je l'ai gardé long-temps dans cette île : il n'a tenu qu'à lui d'y vivre avec moi dans un état immortel ; mais l'aveugle passion de retourner dans sa misérable patrie lui fit rejeter tous ces avantages. Vous voyez tout ce qu'il a perdu pour Ithaque qu'il n'a pu revoir. Il voulut me quitter ; il partit, et je fus vengée par la tempête : son vaisseau, après avoir été long-temps le jouet des vents, fut enseveli dans les ondes. Profitez d'un si triste exemple. Après son naufrage, vous n'avez plus rien à espérer, ni pour le revoir, ni pour régner jamais dans l'île d'Ithaque après lui : consolez-vous de l'avoir perdu, puisque vous trouvez une Divinité prête à vous rendre heureux, et un royaume qu'elle vous offre. »

La Déesse ajouta à ces paroles de longs discours pour montrer combien Ulysse avait été heureux auprès d'elle. Elle raconta ses aventures dans la caverne du Cyclope Polyphème, et chez Antiphates, roi des Lestrigons : elle n'oublia pas ce qui lui était arrivé dans l'île de Circé, fille du Soleil, ni les dangers qu'il avait courus entre Scylla et Charybde. Elle représenta la dernière tempête que Neptune avait excitée contre lui, quand il partit d'auprès d'elle. Elle voulut faire entendre qu'il était péri dans ce naufrage, et elle supprima son arrivée dans l'île des Phéaciens.

Télémaque, qui s'était d'abord abandonné trop promptement à la joie d'être si bien traité de Calypso, reconnut enfin son artifice et la sagesse des conseils que Mentor venait de lui donner. Il répondit en peu de mots : « O Déesse, pardonnez à ma douleur; maintenant je ne puis que m'affliger; peut-être que dans la suite j'aurai plus de force pour goûter la fortune que vous m'offrez : laissez-moi en ce moment pleurer mon père ; vous savez mieux que moi combien il mérite d'être pleuré. »

Calypso n'osa d'abord le presser davantage : elle feignit même d'entrer dans sa douleur, et de s'attendrir pour Ulysse. Mais, pour mieux connaître les moyens de toucher le cœur du jeune homme, elle lui demanda comment il avait fait naufrage, et par quelles aventures il était sur ces côtes. « Le récit de mes malheurs, dit-il, serait trop long. »

« Non, non, répondit-elle ; il me tarde de les savoir, hâtez-vous de me les raconter. » Elle le pressa long-temps. Enfin il ne put lui résister, et il parla ainsi :

« J'étais parti d'Ithaque pour aller demander aux autres rois revenus du siége de Troie des nouvelles de mon père. Les amans de ma mère Pénélope furent surpris de mon départ : j'avais pris soin de le leur cacher, connaissant leur perfidie. Nestor, que je vis à Pylos, ni Ménélas, qui me reçut avec amitié dans Lacédémone, ne purent m'apprendre si mon père était encore en vie. Lassé de vivre toujours en suspens et dans l'incertitude, je me résolus d'aller dans la Sicile, où j'avais ouï dire que mon père avait été jeté par les vents. Mais le sage Mentor, que vous voyez ici présent, s'opposait à ce téméraire dessein : il me représentait d'un côté les Cyclopes, géans monstrueux qui dévorent les hommes : de l'autre, la flotte d'Enée et des Troyens, qui était sur ces côtes. « Ces Troyens, disait-il, sont animés contre tous les Grecs; mais surtout ils répandraient avec plaisir le sang du fils d'Ulysse. Retournez, continuait-il, en Ithaque ; peut-être que votre père, aimé des

Dieux, y sera aussitôt que vous. Mais si les Dieux ont résolu sa perte, s'il ne doit jamais revoir sa patrie, du moins il faut que vous alliez le venger, délivrer votre mère, montrer votre sagesse à tous les peuples, et faire voir en vous à toute la Grèce un roi aussi digne de régner que le fut jamais Ulysse lui-même. »

Ces paroles étaient salutaires : mais je n'étais pas assez prudent pour les écouter ; je n'écoutai que ma passion. Le sage Mentor m'aima jusqu'à me suivre dans un voyage téméraire, que j'entreprenais contre ses conseils ; et les Dieux permirent que je fisse une faute qui devait servir à me corriger de ma présomption.

Pendant que Télémaque parlait, Calypso regardait Mentor. Elle était étonnée ; elle croyait sentir en lui quelque chose de divin ; mais elle ne pouvait démêler ses pensées confuses : ainsi elle demeurait pleine de crainte et de défiance à la vue de cet inconnu. Alors elle appréhenda de laisser voir son trouble. « Continuez, dit-elle à Télémaque, et satisfaites ma curiosité. » Télémaque reprit ainsi :

Nous eûmes assez long-temps un vent favorable pour aller en Sicile ; mais ensuite une noire tempête déroba le ciel à nos yeux, et nous fûmes enveloppés dans une profonde nuit. À la lueur des éclairs, nous aperçûmes d'autres vaisseaux exposés au même péril, et nous reconnûmes bientôt que c'étaient les vaisseaux d'Enée : ils n'étaient pas moins à craindre pour nous que les rochers. Alors je compris, mais trop tard, ce que l'ardeur d'une jeunesse imprudente m'avait empêché de considérer attentivement. Mentor parut, dans ce danger, non-seulement ferme et intrépide, mais plus gai qu'à l'ordinaire : c'était lui qui m'encourageait ; je sentais qu'il m'inspirait une force invincible. Il donnait tranquillement tous les ordres, pendant que le pilote était troublé. Je lui disais : « Mon cher Mentor, pourquoi ai-je refusé de suivre vos conseils ? ne suis-je pas malheureux d'avoir voulu me *croire* moi-même, dans un âge où l'on n'a ni prévoyance de l'avenir, ni expérience du passé, ni modération pour ménager le présent ! Oh ! si jamais nous échappons de cette tempête, je me défierai de moi-même comme de mon plus dangereux ennemi ; c'est vous, Mentor, que je croirai toujours. »

Mentor, en souriant, me répondit : « Je n'ai garde de vous reprocher la faute que vous avez faite ; il suffit que vous la sentiez, et qu'elle vous serve à être une autre fois plus modéré dans vos désirs. Mais, quand le péril sera passé, la présomption reviendra peut-être ; maintenant il faut se soutenir par le courage. Avant que de se jeter dans le péril, il faut le prévoir et le craindre ; mais quand on y est, il ne reste plus qu'à le mépriser. Soyez donc le digne fils d'Ulysse ; montrez un cœur plus grand que tous les maux qui vous menacent. »

La douceur et le courage du sage Mentor me charmèrent ; mais je fus encore bien plus surpris quand je vis avec quelle adresse il nous délivra des Troyens. Dans le moment où le ciel commençait à s'éclaircir, et où les Troyens, nous voyant de près, n'auraient pas manqué de nous reconnaître, il remarqua un de leurs vaisseaux qui était presque semblable au nôtre, et que la tempête avait écarté. La poupe en était couronnée de certaines fleurs : il se hâta de mettre sur notre poupe des couronnes de fleurs semblables ; il les attacha lui-même avec des bandelettes de la même couleur que celles des Troyens ; il ordonna à tous nos rameurs de se baisser le plus qu'ils pourraient le long de leurs bancs, pour n'être point reconnus des ennemis. En cet état, nous passâmes au milieu de leur flotte. Ils poussèrent des cris de joie en nous voyant, comme en revoyant les compagnons qu'ils avaient crus perdus. Nous fûmes même contraints par la violence de la mer d'aller assez long-temps avec eux : enfin nous demeurâmes un peu derrière ; et pendant que les vents impétueux les poussaient vers l'Afrique, nous fîmes les derniers efforts pour aborder à force de rames sur la côte de Sicile.

Nous y arrivâmes en effet. Mais ce que nous cherchions n'était guère moins funeste que la flotte qui nous faisait fuir ; nous trouvâmes sur cette côte de Sicile d'autres Troyens ennemis des Grecs. C'était là que régnait le vieux Aceste, sorti de Troie. A peine fûmes-nous arrivés sur ce rivage, que les habitans crurent que nous étions, ou d'autres peuples de l'île armés pour les surprendre, ou des étrangers qui venaient s'emparer de leurs terres. Ils brûlent notre vaisseau dans le premier emportement ; ils égorgent tous nos compagnons ;

ils ne réservent que Mentor et moi pour nous présenter à Aceste, afin qu'il pût savoir de nous quels étaient nos desseins, et d'où nous venions. Nous entrons dans la ville les mains liées derrière le dos; et notre mort n'était retardée que pour nous faire servir de spectacle à un peuple cruel, quand on saurait que nous étions Grecs.

On nous présenta d'abord à Aceste, qui, tenant son sceptre d'or en main, jugeait les peuples, et se préparait à un grand sacrifice. Il nous demanda d'un ton sévère, quel était notre pays et le sujet de notre voyage. Mentor se hâta de répondre, et lui dit : « Nous venons des côtes de la grande Hespérie, et notre patrie n'est pas loin de là. » Ainsi il évita de dire que nous étions Grecs. Mais Aceste, sans l'écouter davantage, et nous prenant pour des étrangers qui cachaient leur dessein, ordonna qu'on nous envoyât dans une forêt voisine, où nous servirions en esclaves sous ceux qui gouvernaient ses troupeaux.

Cette condition me parut plus dure que la mort. Je m'écriai : « O roi! faites-nous mourir, plutôt que de nous traiter si indignement. Sachez que je suis Télémaque, fils du sage Ulysse, roi des Ithaciens; je cherche mon père dans toutes les mers. Si je ne puis le trouver, ni retourner dans ma patrie, ni éviter la servitude, ôtez-moi la vie, que je ne saurais supporter. »

A peine eus-je prononcé ces mots, que tout le peuple ému s'écria qu'il fallait faire périr le fils de ce cruel Ulysse, dont les artifices avaient renversé la ville de Troie. « O fils d'Ulysse! me dit Aceste, je ne puis refuser votre sang aux mânes de tant de Troyens que votre père a précipités sur les rivages du noir Cocyte : vous, et celui qui vous mène, vous périrez. » En même temps un vieillard de la troupe proposa au roi de nous immoler sur le tombeau d'Anchise. « Leur sang, disait-il, sera agréable à l'ombre de ce héros. Énée même, quand il saura un tel sacrifice, sera touché de voir combien vous aimez ce qu'il avait de plus cher au monde. »

Tout le peuple applaudit à cette proposition; et on ne songea plus qu'à nous immoler. Déjà on nous menait sur le tombeau d'Anchise; on y avait dressé deux autels où le feu sacré était allumé; le glaive qui devait nous percer était devant nos yeux;

on nous avait couronnés de fleurs, et nulle compassion ne pouvait garantir notre vie; c'était fait de nous, quand Mentor demanda tranquillement à parler au roi, et lui dit :

« O Aceste! si le malheur du jeune Télémaque, qui n'a jamais porté les armes contre les Troyens, ne peut vous toucher, du moins que votre intérêt vous touche. La science que j'ai acquise des présages et de la volonté des Dieux, me fait connaître qu'avant que trois jours soient écoulés vous serez attaqué par des peuples barbares, qui viendront comme un torrent du haut des montagnes pour inonder votre ville et pour ravager tout votre pays. Hâtez-vous de les prévenir; mettez vos peuples sous les armes, et ne perdez pas un moment pour retirer au-dedans de vos murailles les riches troupeaux que vous avez dans la campagne. Si ma prédiction est fausse, vous serez libre de nous immoler dans trois jours; si au contraire elle est véritable, souvenez-vous qu'on ne doit pas ôter la vie à ceux de qui on la tient. »

Aceste fut étonné de ces paroles que Mentor lui disait avec une assurance qu'il n'avait jamais trouvée en aucun homme. « Je vois bien, lui répondit-il, ô étranger, que les Dieux, qui vous ont si mal partagé pour tous les dons de la fortune, vous ont accordé une sagesse qui est plus estimable que toutes les prospérités. » En même temps il retarda le sacrifice et donna avec diligence les ordres nécessaires pour prévenir l'attaque dont Mentor l'avait menacé. On ne voyait de tous côtés que des femmes tremblantes, des vieillards courbés, de petits enfans, les larmes aux yeux, qui se retiraient dans la ville. Les bœufs mugissans, et les brebis bêlantes, venaient en foule, quittant les gras pâturages et ne pouvant trouver assez d'étables pour être mis à couvert. C'étaient de toutes parts des bruits confus de gens qui se poussaient les uns les autres, qui ne pouvaient s'entendre, qui prenaient dans ce trouble un inconnu pour leur ami, et qui couraient sans savoir où tendaient leurs pas. Mais les principaux de la ville, se croyant plus sages que les autres, s'imaginaient que Mentor était un imposteur qui avait fait une fausse prédiction pour sauver sa vie.

Avant la fin du troisième jour, pendant qu'ils étaient pleins de ces pensées, on vit sur le penchant des montagnes voisines un tourbillon de poussière, puis on aperçut une troupe innombrable de barbares armés : c'étaient les Himériens, peuples féroces, avec les nations qui habitent sur les monts Nébrodes,et sur le sommet d'Acragas, où règne un hiver que les zéphirs n'ont jamais adouci. Ceux qui avaient méprisé la prédiction de Mentor perdirent leurs esclaves et leurs troupeaux. Le roi dit à Mentor : « J'oublie que vous êtes Grecs : nos ennemis deviennent nos amis fidèles. Les Dieux vous ont envoyés pour nous sauver : je n'attends pas moins de votre valeur que de la sagesse de vos conseils ; hâtez-vous de nous secourir. »

Mentor montre dans ses yeux une audace qui étonne les plus fiers combattans. Il prend un bouclier, un casque, une épée, une lance; il range les soldats d'Aceste ; il marche à leur tête, et s'avance en bon ordre contre les ennemis. Aceste, quoique plein de courage, ne peut, dans sa vieillesse, le suivre que de loin. Je le suis de plus près, mais je ne puis égaler sa valeur. Sa cuirasse ressemblait dans le combat à l'immortelle égide. La mort courait de rang en rang partout sous ses coups. Semblable à un lion de Numidie que la cruelle faim dévore, et qui entre dans un troupeau de brebis, il déchire, il égorge, il nage dans le sang, et les bergers, loin de secourir le troupeau, fuient tremblans, pour se dérober à sa fureur.

Ces barbares, qui espéraient de surprendre la ville, furent eux-mêmes surpris et déconcertés. Les sujets d'Aceste, animés par l'exemple et par les ordres de Mentor, eurent une vigueur dont ils ne se croyaient point capables. De ma lance je renversai le fils du roi de ce peuple ennemi. Il était de mon âge; mais il était plus grand que moi : car ce peuple venait d'une race de géans qui étaient de la même origine que les Cyclopes. Il méprisait un ennemi aussi faible que moi; mais, sans m'étonner de sa force prodigieuse, ni de son air sauvage et brutal, je poussai ma lance contre sa poitrine, et je lui fis vomir, en expirant, des torrens d'un sang noir. Il pensa m'écraser dans sa chute : le bruit de ses armes retentit jusqu'aux montagnes. Je pris ses dépouilles, et je revins trouver Aceste. Mentor ayant achevé de mettre les ennemis en désordre, les tailla en pièces, et poussa les fuyards jusque dans les forêts.

Un succès si inespéré fit regarder Mentor comme un homme chéri et inspiré des Dieux. Aceste, touché de reconnaissance, nous avertit qu'il craignait tout pour nous, si les vaisseaux d'Enée revenaient en Sicile : il nous en donna un pour retourner sans retardement en notre pays ; il nous combla de présens, et nous pressa de partir, pour prévenir tous les malheurs qu'il prévoyait : mais il ne voulut nous donner ni un pilote ni des rameurs de sa nation, de peur qu'ils ne fussent trop exposés sur les côtes de la Grèce. Il nous donna des marchands phéniciens, qui, étant en commerce avec tous les peuples du monde, n'avaient rien à craindre, et qui devaient ramener les vaisseaux à Aceste, quand ils nous auraient laissés à Ithaque. Mais les Dieux, qui se jouent des desseins des hommes, nous réservaient à d'autres dangers.

EXEMPLES D'ÉCRITURE.

Première Exemple. Calypso, calypso, calypso, caly pso, cal ypso. ca lyp so, ca ly p so, c a l y p s o, ca lyp so.

2ᵉ Exemple. Calypso ne pouvait, ne pou vait, n e p o u v a i t.

3ᵉ Exemple. Ne pouvait se consoler, se con soler c o n s o l e r du d u.

4ᵉ Exemple. Calypso ne pouvait se consoler du départ d'Ulysse, dans

9

sa douleur, elle se trouvait malheureuse d'être immortelle. Sa grotte ne résonnait plus de son chant. Les Nymphes qui la servaient n'osaient lui parler. Elle se promenait souvent seule sur les gazons fleuris.

a b c d e f g h i j k l m n o p q r s t u v x y z w

A B C D E F G H I J K L M N O P Q R S T U V X Y Z W

DÉPARTEMENS DE LA FRANCE.

ORDRE DANS LEQUEL ON LES CHANTE.

Le Moniteur les montre avec une baguette sur la carte, et fait répéter deux fois le nom du département et le nom du Chef-Lieu, en faisant le tour du royaume, à commencer des Pyrénées orientales ; puis il reprend au nord les départemens intérieurs qu'il suit, par lignes horizontales, de gauche à droite.

1 Pyrénées-Orient.	16 Calvados.	31 Hautes-Alpes.	46 Mayenne.	61 Haute-Saône.	76 Cantal.
2 Ariége.	17 Eure.	32 Basses-Alpes.	47 Sarthe.	62 Voges.	77 Haute-Loire.
3 Haute-Garonne.	18 Seine-Inférieure.	33 Var.	48 Maine-et-Loire.	63 Meurthe.	78 Gers.
4 Hautes-Pyrénées.	19 Somme.	34 Bouches-du-Rhône	49 Indre-et-Loir.	64 Charente.	79 Tarn-et-Garonne.
5 Basses-Pyrénées.	20 Pas-de-Calais.	35 Gard.	50 Loir-et-Cher.	65 Haute-Vienne.	80 Tharn.
6 Landes.	21 Nord.	36 Hérault.	51 Loiret.	66 Creuse.	81 Aveyron.
7 Gironde.	22 Ardennes.	37 Aude.	52 Yonne.	67 Allier.	82 Lozère.
8 Charente-Infér.	23 Meuse.	38 Oise.	53 Aube.	68 Saône-et-Loire.	83 Ardèche.
9 Vendée.	24 Moselle.	39 Aisne.	54 Haute-Marne.	69 Dordogne.	84 Drôme.
10 Loire-Inférieure.	25 Bas-Rhin.	40 Orne.	55 Deux-Sèvres.	70 Corèze.	85 Vaucluse.
11 Morbihan.	26 Haut-Rhin.	41 Eure-et-Loir.	56 Vienne.	71 Puy-de-Dôme.	86 Corse.
12 Finistére.	27 Doubs.	42 Seine-et-Oise.	57 Indre.	72 Loire.	
13 Côtes-du-Nord.	28 Jura.	43 Seine.	58 Cher.	73 Rhône.	
14 Ille-et-Villaine.	29 Ain.	44 Seine-et-Marne.	59 Nièvre.	74 Lot-et-Garonne.	
15 Manche.	30 Isère.	45 Marne.	60 Côte-d'Or.	75 Lot.	

TABLE DE MULTIPLICATION.

2 fois 2 font	3 fois 2 font	4 fois 2 font	5 fois 2 font	6 fois 2 font	7 fois 2 font
2 2 4	3 2 6	4 2 8	5 2 10	6 2 12	7 2 14
2 3 6	3 3 9	4 3 12	5 3 15	6 3 18	7 3 21
2 4 8	3 4 12	4 4 16	5 4 20	6 4 24	7 4 28
2 5 10	3 5 15	4 5 20	5 5 25	6 5 30	7 5 35
2 6 12	3 6 18	4 6 24	5 6 30	6 6 36	7 6 42
2 7 14	3 7 21	4 7 28	5 7 35	6 7 42	7 7 49
2 8 16	3 8 24	4 8 32	5 8 40	6 8 48	7 8 56
2 9 18	3 9 27	4 9 36	5 9 45	6 9 54	7 9 63
2 10 20	3 10 30	4 10 40	5 10 50	6 10 60	7 10 70
2 11 22	3 11 33	4 11 44	5 11 55	6 11 66	7 11 77
2 12 24	3 12 36	4 12 48	5 12 60	6 12 72	7 12 84

8	9	10	11	12	
8 2 16	9 2 18	10 2 20	11 2 22	12 2 24	
8 3 24	9 3 27	10 3 30	11 3 33	12 3 36	
8 4 32	9 4 36	10 4 40	11 4 44	12 4 48	
8 5 40	9 5 45	10 5 50	11 5 55	12 5 60	
8 6 48	9 6 54	10 6 60	11 6 66	12 6 72	
8 7 56	9 7 63	10 7 70	11 7 77	12 7 84	
8 8 64	9 8 72	10 8 80	11 8 88	12 8 96	
8 9 72	9 9 81	10 9 90	11 9 99	12 9 108	
8 10 80	9 10 90	10 10 100	11 10 110	12 10 120	
8 11 88	9 11 99	10 11 110	11 11 121	12 11 132	
8 12 96	9 12 108	10 12 120	11 12 132	12 12 144